LA
CONVENTION DE GENÈVE

ET LA

SOCIÉTÉ FRANÇAISE DE SECOURS AUX BLESSÉS

DES

ARMÉES DE TERRE ET DE MER

(Croix Rouge Française)

DISCOURS

Prononcé le 8 Juin 1888

A LA RÉUNION PLÉNIÈRE DU COMITÉ DÉPARTEMENTAL POUR LA GIRONDE

PAR

P. DE LOYNES

Professeur à la Faculté de Droit, Secrétaire-Général du Comité.

BORDEAUX

IMPRIMERIE R. COUSSAU & F. COUSTALAT

20 — rue Gouvion — 20

1888

LA
CONVENTION DE GENÈVE

ET LA

SOCIÉTÉ FRANÇAISE DE SECOURS AUX BLESSÉS

DES

ARMÉES DE TERRE ET DE MER

(Croix Rouge Française)

———— ┼ ✳ ┼ ————

DISCOURS

Prononcé le 8 Juin 1888

A LA RÉUNION PLÉNIÈRE DU COMITÉ DÉPARTEMENTAL POUR LA GIRONDE

PAR

P. DE LOYNES

Professeur à la Faculté de Droit, Secrétaire-Général du Comité.

———————————

BORDEAUX

IMPRIMERIE R. COUSSAU & F. COUSTALAT

20 — rue Gouvion — 20

1888

LA
CONVENTION DE GENÈVE

ET LA

SOCIÉTÉ FRANÇAISE DE SECOURS AUX BLESSÉS

DES

ARMÉES DE TERRE ET DE MER

(Croix Rouge Française)

Mon Général,

Monseigneur,

Mesdames,

Messieurs,

C'était en 1859, il y aura bientôt vingt-neuf ans ; l'armée française venait de remporter une grande victoire, d'écrire une nouvelle page de notre histoire et de l'histoire du monde ; les échos retentissaient des acclamations des vainqueurs ; les musiques militaires jouaient nos airs nationaux. Ces bruits divers n'étaient pas encore apaisés ; la fumée du combat était à peine dissipée ; les soldats étaient encore ivres de leur succès. Un homme se dirigea seul vers ce champ de bataille, et, dans cette campagne heureuse jadis de son obscurité et désormais célèbre par la lutte dont elle avait été le théâtre, il s'arrêta stupéfait devant l'horreur de ce champ de carnage. L'air était rempli par les gémissements, les supplications déchirantes arrachées aux blessés par la douleur et l'inexprimable supplice de la soif. Trois cent mille hommes avaient été engagés dans le combat ; quarante mille gisaient sur la terre, tant morts que blessés ; quarante mille malades étaient dirigés sur les ambulances.

Tels sont les faits que M. Henri Dunant rapporte dans son livre immortel : *Souvenir de Solférino.*

Peut-être ces chiffres vous paraissent-ils exagérés. Il est donc nécessaire de les contrôler. Prenons, si vous le voulez, les statistiques officielles, et vous savez, aussi bien que moi, combien elles sont optimistes. Il est certain que du 25 au 30 juin 1859, il entra dans nos seules ambulances 10,212 blessés.

Ajoutez à ce chiffre ceux qui avaient succombé dans la lutte ; ajoutez-y ceux, plus nombreux peut-être, qui avaient succombé aux blessures dont ils étaient atteints, faute de soins immédiats, faute de ce premier pansement que nous voudrions voir remettre à chaque homme, que les nations étrangères ont adopté, que nos instances, unies à celles du Conseil central, n'ont pu, depuis près d'un an, obtenir du ministère de la guerre et dont notre excellent collègue, M. le docteur Pery, vous entretiendra dans un instant. Ajoutez-y enfin ceux qui avaient été recueillis par les particuliers, par les ambulances italiennes, et peut-être même par les ambulances autrichiennes. Faites l'addition, et le chiffre, que je vous citais, ne vous paraîtra certainement pas aussi exagéré qu'au premier abord.

On put dès lors constater l'insuffisance du service de santé, tel qu'il était organisé à cette époque.

D'une part, on avait consacré six jours entiers à rechercher et à relever les blessés. Si le nombre de ceux qui furent recueillis pendant les journées du 29 et du 30 juin fut peu considérable, il n'en résulte pas moins qu'un grand nombre de blessés restèrent pendant trois ou quatre jours sur la terre, sans soins, sans soulagement, sans nourriture, sans eau pour étancher leur soif et laver leurs blessures.

D'autre part, le nombre des médecins d'ambulances et d'hôpitaux de première ligne était manifestement inférieur aux besoins ; car il ne dépassait pas le chiffre de 132, et quel que fût leur dévouement, auquel il est juste de rendre hautement hommage, ils ne pouvaient suffire à une tâche qui excédait leurs forces.

Enfin il était démontré que les hôpitaux officiels étaient insuffisants pour recevoir un aussi grand nombre de blessés et de malades. Ce déplorable état de choses ne pouvait être réformé que par l'initiative volontaire des particuliers. Mais l'ignorance, l'absence de préparation frappaient d'impuissance toutes les bonnes volontés.

Je n'ai pas à vous parler, Mesdames et Messieurs, des immenses progrès qu'a réalisés, spécialement en France dans ces dernières années, le service de santé des armées ; je n'ai pas à vous dire comment il a enfin conquis son indépendance. Il sait la confiance qu'il inspire, il se rend un compte exact de ses responsabilités, et je suis convaincu que, si les circonstances l'exigeaient, il serait à la hauteur de sa mission. Elle est cependant tellement étendue qu'il lui serait impossible de la remplir tout entière, de suivre l'armée et d'assurer en même temps aux blessés et aux malades des hôpitaux les soins que réclame leur état. C'est pourquoi il accueille avec empressement le concours que nous venons lui offrir dans les limites fixées par les règlements. Il n'a pas à craindre que nous concevions l'irréalisable projet de lui faire concurrence. Nous sommes pour lui des coopérateurs et notre dévouement demande seulement, comme l'a dit M. Gustave Moynier, « à se nourrir » des miettes qui tombent de sa table. (1) »

Par conséquent, il fallait faciliter au service de santé l'accomplissement en tous lieux, en tout temps de sa mission. Il fallait, en le mettant à l'abri des éventualités de la guerre, le laisser au poste d'honneur que le patriotisme et l'humanité lui assignent. Il fallait enfin développer l'initiative privée.

Pour atteindre ce résultat, il était nécessaire, par un appel à la charité, à la fraternité, de provoquer la constitution de Sociétés destinées à soigner les blessés et les malades des armées en campagne ; il était nécessaire, par un appel à la justice, d'obtenir une réforme des lois de la guerre, de procurer aux médecins et aux chirurgiens militaires ou volontaires, ainsi qu'au personnel placé sous leurs ordres, les moyens de continuer leurs soins sous le couvert de la neutralité.

Tel est, Mesdames et Messieurs, l'enseignement qui se dégageait de la guerre d'Italie ; tel est le projet que conçut, après plusieurs années de réflexions, de discussions et de délibérations, la Société Genevoise d'utilité publique.

M. Dunant avait eu, en effet, le rare bonheur de rencontrer autour de lui des esprits et des cœurs largement ouverts à toutes les inspirations généreuses. Ils appartenaient à une nation petite par le territoire, mais célèbre par sa fierté et son amour de l'indépendance, à une nation que le bénéfice de la neutralité protège, en thèse générale, contre le fléau de la guerre. Ils étaient Suisses et citoyens de Genève. Ils faisaient partie de la Société Genevoise d'utilité publique.

---

(1) Gustave Moynier. *La Croix Rouge. Son passé et son avenir,* page 223.

Cette Société avait l'insigne honneur d'être présidée par l'un de ces hommes dont la modestie attire toutes les sympathies, dont le dévouement ignore les obstacles et triomphe des difficultés, M. Gustave Moynier, aujourd'hui encore Président du Comité international de la Croix Rouge.

La Société Genevoise d'utilité publique ne se contenta pas d'approuver l'idée, de discuter et d'arrêter les bases du projet, elle résolut d'en poursuivre la réalisation.

L'entreprise était difficile et hardie. Il ne suffisait pas, en effet, d'obtenir le concours d'associations charitables ou philanthropiques ; il ne suffisait pas d'enrôler des hommes dévoués dans ce bataillon nouveau. Il fallait, en outre, conquérir l'assentiment des gouvernements, assurer leur patronage aux sociétés fondées, leur approbation aux règles nouvelles proposées. Le succès était à ce prix.

Dans ce but, la Société Genevoise envoya dans les principales villes d'Europe des délégués chargés d'exposer ses idées, de les défendre, de les répandre et d'en grouper les partisans.

En France, ces délégués reçurent de notre ministre des affaires étrangères l'accueil le plus sympathique. Ce n'est pas sans une véritable émotion que je prononce le nom de l'honorable M. Drouyn de Lhuys. Ce ministre éminent, moins fier des honneurs qui l'entouraient que préoccupé des responsabilités encourues, sut, en toute circonstance, lutter contre ces théories nouvelles que son esprit conservateur répudiait, et dont les dangers, hélas ! bien prochains, n'échappaient pas à sa perspicacité.

Les autres nations, ou du moins la plupart d'entre elles, promirent aux délégués leur concours le plus entier.

Ces hauts patronages, l'appui de philanthropes connus, de sommités médicales et militaires, prouvèrent aux membres de la Société Genevoise d'utilité publique, qu'ils ne poursuivaient pas une chimère, une utopie irréalisable.

Ils s'empressèrent de mettre à profit des circonstances aussi exceptionnellement favorables. Ils décidèrent, en conséquence, de convoquer à Genève une conférence pour discuter un projet de concordat qu'ils avaient rédigé et qu'ils complétèrent par une circulaire supplémentaire du 15 septembre 1863.

Si nous en analysons les dispositions, nous pouvons les ramener à ces deux idées :

1° Il sera créé dans chacun des pays concordataires un Comité national chargé de remédier, par tous les moyens en son pouvoir, à l'insuffisance du service sanitaire officiel dans les armées en campagne.

2° Le personnel médical militaire et ceux qui en dépendent, ainsi que les médecins et les infirmiers volontaires engagés par les comités nationaux et mis à la disposition des chefs d'armée, jouiront du bénéfice de la neutralité. Leur personne doit être sacrée.

A voir les hésitations des promoteurs de ce projet, à considérer la réserve avec laquelle ils le présentent, on pourrait être tenté de croire qu'ils craignaient d'avoir conçu une de ces idées nouvelles, fruit des plus généreuses illusions, que souvent la réalité chasse et fait évanouir au premier souffle.

Il n'en était rien cependant. Un siècle plus tôt, en 1764, un grand philanthrope, que le duc de Choiseul avait su distinguer et avait nommé intendant général des hôpitaux sédentaires des armées du roi, M. de Chamousset, avait proposé de généraliser une règle identique qui avait été exceptionnellement consacrée par des cartels antérieurs. Il écrivait :

« On ne devrait pas regarder les hôpitaux comme des
» conquêtes, et les malades qu'ils renferment comme des
» prisonniers. Dans un siècle où l'on a tant gagné du côté
» de l'esprit et des lumières, ne devrait-on pas prouver
» qu'on n'a rien perdu du côté du cœur et des sentiments,
» et le moment ne serait-il pas venu d'établir parmi les
» nations une convention réclamée par l'humanité ? (1) »

Non, le moment n'était pas encore venu, en 1764, de
transporter dans le droit des gens les règles qui n'avaient
été consacrées que par les cartels particuliers de 1743 et de
1759. La philosophie du dix-huitième siècle était trop frivole
et trop légère ; elle était trop amoureuse des idées et trop
dédaigneuse des réalités. L'heure de la réforme ne devait
sonner qu'un siècle plus tard à l'horloge de l'humanité. Il
fallait que les principes d'égalité et de fraternité, qui sont
l'essence même du christianisme, eussent été transportés du
domaine des relations privées dans le domaine des relations
internationales. C'est la gloire de notre siècle d'avoir opéré
cette transformation sans détruire la nationalité et d'avoir
appliqué cette vieille maxime : *Hostes, dum vulnerati, fratres* :
La blessure fait un frère de celui qui était notre ennemi.

Les guerres du commencement du siècle, en surexcitant
les passions, n'étaient certainement pas faites pour favoriser
cette réforme ; elle continua de sommeiller tant que la paix
fut soigneusement conservée à la France et à l'Europe, de
1815 à 1848. Pour la réveiller, il ne suffit même pas de la
campagne de Crimée ; le théâtre de la guerre était trop
éloigné ; il fallut le coup de foudre de la campagne d'Italie ;
il fallut le bruit qui se fit autour du *Souvenir de Solférino*.
Pour en assurer le triomphe, il fallut l'initiative de la Société

---

(1) *Œuvres complètes* de M. de Chamousset, tome II, page 13.

Genevoise d'utilité publique, l'appui d'hommes de cœur et le concours des gouvernements.

Par une circulaire du 1er septembre 1863, la Société Genevoise d'utilité publique, mettant enfin son projet à exécution, convoqua à une conférence internationale des philanthropes, des associations charitables et des gouvernements qui avaient favorablement accueilli ses premières ouvertures.

Trente-six personnes se trouvèrent réunies le 26 octobre 1863 à l'Athénée de Genève. Dix-huit d'entre elles représentaient quatorze gouvernements qui les avaient choisies ; six étaient déléguées par des associations diverses ; sept philanthropes apportaient volontairement à la conférence le concours de leurs lumières et de leur expérience. Enfin la conférence comptait cinq membres du Comité Genevois.

Après quatre jours de délibérations, elle prit des décisions qui, conformément à son double objectif, se divisent en deux catégories.

D'une part, elle adopta dix résolutions relatives à la création, dans chaque pays, d'un comité chargé de concourir, en temps de guerre, s'il y a lieu, au service de santé des armées.

D'autre part, elle vota trois vœux relatifs au patronage par les gouvernements des comités de secours ainsi constitués, à la neutralisation en temps de guerre des ambulances et des hôpitaux affectés aux blessés et aux malades, ainsi que du matériel et du personnel militaire ou volontaire employé à leur service, à l'adoption d'un uniforme ou d'un signe distinctif identique pour les personnes attachées au service de santé et d'un drapeau identique pour les ambulances et les hôpitaux.

On est frappé, à la lecture de ces délibérations et de ces vœux, de la prudence avec laquelle agissaient les membres de la conférence. Dans la recherche du but humanitaire qu'ils poursuivaient, ils ont su faire la part exacte du rôle de l'initiative privée et du rôle des gouvernements ; ils respectaient avec une judicieuse précision les attributions de chacun.

En dernier lieu, pour mettre le sceau à ses décisions, la conférence chargea le Comité Genevois de faire le nécessaire pour assurer l'exécution de ses délibérations et la réalisation de ses vœux.

L'appel fait à l'initiative privée par la conférence de Genève fut entendu ; dans la plupart des pays de l'Europe, les philanthropes se mirent immédiatement à l'œuvre.

Dès le mois de décembre 1863, un Comité national, le premier de tous, fut institué dans le Wurtemberg.

En France, un Comité provisoire fut constitué à la même époque sous la présidence du général duc de Fezensac. Les sympathies du gouvernement lui étaient acquises ; le 21 décembre 1863, le colonel Favé exprimait au secrétaire le désir du gouvernement de favoriser l'établissement à Paris d'un Comité de secours.

Ces efforts ne tardèrent pas à être couronnés de succès. La Société française de secours aux blessés des armées de terre et de mer fut créée au mois de mai 1864, reconnue le 25 mai 1864 comme Comité national français de la Croix Rouge ; le 11 mars 1865 le conseil central fut institué sous la présidence d'honneur du maréchal ministre de la guerre le comte Randon, et sous la présidence effective du général duc de Fezensac. Enfin, par décret du 23 juin 1866, elle fut reconnue comme établissement d'utilité publique.

De son côté, le Comité central Genevois ne restait pas inactif. Le 15 novembre 1863, il adressait une circulaire aux membres de la conférence ; il leur demandait notamment de sonder les intentions de leurs gouvernements et de s'assurer si l'on pouvait espérer voir consacrer prochainement dans un instrument diplomatique les vœux de la conférence.

Les réponses favorables qu'il reçut le déterminèrent à proposer la réunion d'un congrès.

Dépourvus de toute qualité officielle, les membres du Comité ne pouvaient cependant ni convoquer les gouvernements ni même les inviter à se faire officiellement représenter à la réunion projetée. Ils s'adressèrent alors au gouvernement français, et, tout en priant Napoléon III de désigner Genève comme siège du congrès, ils lui demandèrent de prendre l'initiative et de vouloir bien se charger du soin des convocations.

Notre gouvernement vit dans cette ouverture un hommage rendu à la générosité et à la charité françaises, un hommage à la mémoire de l'intendant de Chamousset, qui le premier avait défendu le principe humanitaire de la neutralisation des ambulances et des hôpitaux. Il prit, en conséquence, le congrès sous son patronage, et promit d'en appuyer la proposition auprès des nations étrangères. Mais respectueux de l'indépendance réciproque des Etats, fidèle observateur des convenances internationales, il fit remarquer que, du moment où le congrès se réunissait à Genève, il appartenait au Conseil fédéral suisse de prendre l'initiative des convocations.

En conséquence, et conformément à la requête qui lui fut envoyée par le Comité central, le Conseil fédéral adressa le 6 juin 1864 à tous les Etats d'Europe et à quelques Etats d'Amérique, une invitation à assister et à se faire représenter au congrès international qui se réunirait à Genève le 8 août suivant.

Le Comité de Genève n'avait pas encore achevé sa mission. Fort des sympathies qui l'entouraient, justement fier de ses premiers succès, il rédigea une histoire succincte de l'œuvre jusqu'au 15 juin 1864. Cet exposé, qui se distingue par sa simplicité, qui révèle l'excessive modestie de ses auteurs, est l'une des lectures les plus intéressantes et les plus instructives que l'on puisse faire. Je me borne à une citation empruntée à la conclusion de cet important travail :

« Il résulte de tout ce qui précède, que la question des
« secours aux blessés a marché à grands pas vers sa solu-
« tion depuis la conférence d'octobre ; mais il ne faut pas
« se dissimuler non plus qu'il reste beaucoup à faire, et
« que les huit mois qui se sont écoulés depuis que les
« résolutions ont été votées, ne constituent qu'une période
« de transition entre la théorie et la pratique. Le terrain a
« été convenablement préparé et la semence y a germé,
« mais l'heure de la récolte n'a pas encore sonné. Les
« Comités se forment, mais nous n'avons guère pu jus-
« qu'ici les voir à l'œuvre ; les gouvernements adhèrent à
« l'envie à nos vœux, mais aucun accord n'est encore
« intervenu entre eux pour consacrer ces nouveaux prin-
« cipes du droit des gens (1). »

Le Comité Genevois rédigea aussi un projet de convention qui servit de base aux délibérations de la conférence diplomatique.

Vingt-cinq invitations avaient été envoyées.

---

(1) Comité international de secours aux blessés militaires. *Actes,* page 33.

Cinq États ne répondirent pas : la Turquie, la Grèce, le Hanovre, le Mexique et le Brésil.

Trois états, quoique sympathiques au projet, déclarèrent qu'ils n'étaient pas disposés à envoyer des délégués à Genève : l'Autriche, la Bavière et les États Romains.

Dix-sept États avaient donc accepté : un seul ne fut pas représenté au Congrès, parce que son délégué ne put arriver en temps utile : la Russie.

Par conséquent les représentants de seize États prirent seuls part aux travaux du Congrès.

Il faut encore observer que les représentants de quatre de ces États, quoique porteurs des meilleures assurances, n'avaient pas reçu les pouvoirs nécessaires pour signer une convention. Ces gouvernements se réservaient seulement la faculté d'y adhérer. Ce sont les États-Unis d'Amérique, la Grande-Bretagne, la Saxe et la Suède.

Après avoir donné tous ces renseignements, M. le général Dufour, MM. Gustave Moynier et Lehmann, plénipotentiaires de la Suisse, font ainsi ressortir le caractère nouveau et original de ce Congrès dans leur rapport au Conseil fédéral :

« Chose rare dans un congrès diplomatique, il ne s'agis-
« sait point ici de débattre des intérêts contradictoires, ni
« de concilier des prétentions opposées. Tout le monde
« était d'accord. Le seul but qu'on se proposait était de
« consacrer solennellement un principe humanitaire, qui
« devait constituer un progrès dans le droit des gens,
« savoir la neutralité des soldats blessés et de tout le per-
« sonnel employé à les secourir. Tel était du moins le vœu
« formulé par la conférence d'octobre 1863 et qui devait
« servir de point de départ à celle de 1864 (2). »

---

(2) Comité international de secours aux blessés militaires. *Actes*, page 45.

Après des débats qui se prolongèrent du 8 au 20 août, la convention fut signée par vingt plénipotentiaires, représentant douze Etats.

Je vous demande pardon, Mesdames et Messieurs, de la longueur et de l'aridité de ces détails ; si je vous les ai donnés, c'est pour vous montrer les difficultés que rencontrent les œuvres les plus utiles, même lorsqu'elles sont entourées des plus puissantes sympathies. Il ne faut jamais se laisser décourager ; la persévérance et la ténacité triomphent de tous les obstacles. Voyez l'œuvre de vos devanciers et suivez leur exemple. Pour vous comme pour eux le succès en dépend, et je vous connais assez pour pouvoir affirmer que vous saurez vaincre toutes les difficultés.

La Convention de Genève consacre la neutralisation des ambulances et des hôpitaux, ainsi que du matériel des ambulances (Art. 1 et 4).

Née, comme je vous le disais, sous l'inspiration des idées chrétiennes, elle accorde expressément, par ses articles 2 et 3, le bénéfice de la neutralité non seulement aux médecins du corps, mais encore aux médecins de l'âme, à quelque culte qu'ils appartiennent. Elle les soumet aux mêmes règles, les revêt des mêmes insignes, leur donne les mêmes brassards. Si ses rédacteurs ont pensé à l'homme de science qui apporte avec lui les espérances de la vie terrestre, dans leur sollicitude ils n'ont pas oublié le ministre de Dieu qui, par la perspective des espérances éternelles, soutient, encourage et console le malade et le blessé.

En consacrant ce principe, les gouvernements signataires de la Convention de Genève ont admis la libre et constante communication du ministre du culte avec ses coreligionnaires ; ils ont, par cela même, fermé la porte des ambulances et des hôpitaux à toute propagande confessionnelle. Dans ces asiles de la souffrance protégés contre les conséquences de la guerre, la paix seule doit régner ; dans le calme de leur conscience, les malades et les blessés doivent y recevoir ces divines consolations qui les aideront à supporter leurs maux et les prépareront, si la mort les frappe, à comparaître devant le Juge suprême entourés de l'auréole sublime du sacrifice volontaire de la vie, le plus grand que la patrie demande à ses enfants, celui que l'homme serait bien éloigné de consentir ou d'accepter, si tout se bornait à cette terre et si l'instant de la mort marquait la limite dernière de son existence.

La Convention de Genève consacre le principe : *Hostes, dum vulnerati, fratres.* Les blessés et les malades, à quelque nation qu'ils appartiennent, ont droit aux mêmes soins. Les blessés reconnus, après guérison, incapables de servir, sont renvoyés dans leur pays ; les autres peuvent être renvoyés, mais sous la condition de ne pas reprendre les armes pendant la durée de la guerre (Art. 6).

Aujourd'hui, ces règles sont acceptées par tous les Etats Européens et par la plupart des Etats de l'Amérique. Elles sont acceptées par la Perse, située dans le voisinage de ce plateau central de l'Asie, d'où semblent parties toutes les races humaines, et où l'Occident renvoie, comme à son berceau, les principes de sa civilisation. Elles sont enfin acceptées par un Etat de l'Extrême-Orient, qui, sous l'impulsion de Français distingués et spécialement sous l'impulsion d'un de mes honorables collègues, M. Boissonade, marche d'un pas ferme et hardi dans la voie du progrès. J'ai nommé le Japon.

Après vous avoir entretenus de la convention de Genève,

il est temps, Mesdames et Messieurs, de vous parler plus spécialement de la Société française de secours aux blessés des armées de terre et de mer.

Fille de la conférence de 1863 et du Congrès de 1864, entourée, dès son origine, des plus précieuses et des plus hautes sympathies, reconnue d'utilité publique en 1866, notre Société a vu ses devoirs grandir avec les circonstances. Nous pouvons le constater avec une légitime fierté, elle s'est montrée digne de la confiance qu'elle inspirait.

Surprise, comme la France entière, par la déclaration de guerre de 1870, elle a dû, au milieu de difficultés de toutes sortes, suppléer aux insuffisances du service de santé de l'armée ; elle a dû pourvoir au secours des blessés et à Paris et en province. Elle fonda quatre cents comités ; elle réunit quinze millions ; elle envoya des ambulances volantes sur tous les champs de bataille ; elle créa partout des hôpitaux temporaires ; elle transporta, soigna et rapatria un nombre considérable de blessés et de malades ; elle sauva enfin des milliers de vies chères à la France.

Par son activité, par sa prudence, elle mérita la confiance de tous, Français et ennemis. Il fallait régulariser les élans enthousiastes mais quelquefois désordonnés de l'initiative privée ; on était exposé à voir les ambulances volontaires s'accumuler sur un point où leur présence n'était ni nécessaire ni utile, abandonner par ignorance un poste où les mouvements de l'armée pouvaient réclamer leur concours. Un décret de la Délégation du gouvernement de la Défense nationale, du 31 décembre 1870, place sous la direction et la responsabilité de notre Société toutes les ambulances volontaires volantes et autres sociétés ayant en vue le soulagement des blessés sur le champ de bataille et après le combat. Enfin les délégués de notre Société sont chargés, de concert avec le général en chef et l'intendant, d'assigner aux ambulances volantes le point où leur concours devra plus particulièrement s'exercer.

Voilà, Mesdames et Messieurs, quelle est notre histoire. Nous avons conquis nos titres au service de nos blessés sur les champs de bataille de 1870. Je peux dire sans prétention : Notre patriotisme pendant l'année terrible répond de l'avenir.

Mais la Convention de Genève a été, à l'occasion de la guerre de 1870, l'objet de nombreuses critiques. On lui a reproché de ne pas avoir tenu un compte suffisant des nécessités de la guerre et des faiblesses humaines.

Au point de vue militaire, on a dit que les champs de bataille et les convois étaient encombrés d'ambulances volantes, que ces ambulances échappaient à toute discipline, qu'elles gênaient les opérations et souvent ne se trouvaient pas à l'endroit le plus convenable.

Au point de vue international, on a dit que les insignes de la Convention de Genève servaient à dissimuler des actes d'espionnage, protégeaient quelquefois des convois de munitions et d'approvisionnements, couvraient enfin, dans quelques cas, des positions militaires.

Il est facile de prévenir ces inconvénients. Il faut que les chefs, dans l'intérêt même de l'humanité, tiennent rigoureusement la main à l'exécution de la Convention.

Il suffit, en outre, de distinguer le service des blessés sur le champ de bataille et le service dans les hôpitaux fixes sur le territoire.

Le premier doit être réservé au service de santé des armées ainsi qu'aux volontaires enrôlés sous ses ordres et soumis à l'autorité militaire. Leur honorabilité, leur intérêt, le respect de la discipline nous donnent l'assurance que ses directeurs et représentants ne permettront à personne d'abuser de la Croix Rouge.

. Le second sera confié à un personnel soumis aux délégués des Sociétés reconnues, munis de commissions authentiques et revêtus d'uniformes.

Cette importante distinction a été faite par le décret du 2 mars 1878 portant règlement pour le fonctionnement de notre Société, dont les dispositions ont été reproduites, avec quelques modifications, par un autre décret du 3 juillet 1884.

Il est facile, à l'aide de ces documents et du décret du 25 août 1884, portant règlement sur le service de santé des armées en campagne, de préciser le rôle de notre Société.

Au service de santé militaire sont exclusivement confiés le service de première ligne et les hôpitaux d'évacuation.

Le décret du 2 mars 1878 nous appelait à prêter notre concours aux ambulances d'évacuation et même aux ambulances actives des armées, en cas d'insuffisance des moyens dont disposerait l'administration de la guerre et sur autorisation spéciale du ministre ou, en cas d'urgence, des généraux commandant en chef. Mais cette disposition a été abrogée par le décret de 1884. Le service de santé, affranchi et réorganisé, doit être en mesure de faire face à toutes ces nécessités, et nous n'avons plus besoin d'acquérir un matériel coûteux, d'un entretien dispendieux, et dont l'emploi ne devait être qu'aléatoire. Nous pouvons concentrer toutes nos ressources sur la préparation du matériel nécessaire à la mission qui nous est certainement dévolue.

Au service de santé militaire et à notre Société appartient

concurremment le service de l'arrière en ce qui concerne les trains d'évacuation, les infirmeries de gare et les hôpitaux auxiliaires du théâtre de la guerre.

En conséquence, notre Société concourt au relèvement des hôpitaux de campagne ; elle leur substitue des hôpitaux auxiliaires ; elle rend au corps médical sa disponibilité, lui permet de rejoindre son corps d'armée dans sa marche et d'y assurer le service de l'avant.

Pour remplir cette mission, notre Société est représentée dans chaque corps d'armée par un délégué nommé par le Conseil supérieur, agréé et commissionné par le ministre de la guerre.

En outre, lorsqu'elle est appelée à coopérer au service des évacuations, elle est représentée par des délégués spéciaux nommés par le délégué d'armée, sauf l'agrément de l'autorité militaire.

Enfin, le personnel employé aux armées est militarisé et soumis aux lois militaires.

Reste un troisième et dernier service, celui des hôpitaux installés dans l'intérieur du territoire pour recevoir les blessés et les malades renvoyés par le service des évacuations. Notre Société y concourt en créant dans diverses localités des hôpitaux auxiliaires selon ses ressources et selon les besoins.

La faculté d'établir des hôpitaux auxiliaires appartient également, dans chaque commune, aux simples particuliers, et dans toute l'étendue de la France aux Sociétés qui peuvent se fonder et qui sont placées sous notre direction, si elles ne sont pas reconnues d'utilité publique.

Il existe deux Sociétés plus récemment constituées : l'Union des femmes de France et l'Association des Dames françaises, qui, ayant été reconnues d'utilité publique, échappent à notre direction et jouissent d'une entière indépendance. Mais en vertu des décrets qui les règlementent, elles ne sont appelées à coopérer qu'au troisième service dont je vous entretenais en dernier lieu.

Il résulte de ces explications que notre Société est seule, et à l'exclusion de toutes autres, associée au service de l'arrière, que seule elle est éventuellement appelée à relever les hôpitaux de campagne, à créer des hôpitaux auxiliaires du théâtre de la guerre, à coopérer au service des évacuations, à établir des infirmeries de gare.

Nous sommes ainsi chargés de compléter, à l'aide de nos ressources dues à l'initiative privée, l'œuvre du service de santé des armées. Nous ne sommes appelés ni à relever les blessés sur le champ de bataille, ni à leur donner les premiers soins. Nous recevons les malades et les blessés des mains du service de santé ; nous les soignons dans nos hôpitaux auxiliaires du théâtre de la guerre ; nous coopérons au rapatriement de ceux qui peuvent être transportés et à leur répartition entre les divers hôpitaux créés dans l'intérieur du territoire par nos soins, par les soins des particuliers ou d'autres Sociétés.

A d'autres l'honneur du champ de bataille avec ses dangers et ses entraînements ; à nous, le sacrifice obscur de tous les instants.

Cette mission, nous l'acceptons avec empressement au nom de la France et de l'humanité ; nous consacrerons tous nos efforts à la remplir. La confiance que l'administration nous témoigne, nous avons l'ambition et l'espoir de nous en montrer dignes. Les services que nous avons rendus en 1870-1871, alors qu'il nous fallait tout improviser, nous avons la conviction de pouvoir les rendre de nouveau si, par malheur, les circonstances l'exigeaient. Enfin, nous sommes certains que le concours de nos concitoyens ne nous ferait pas défaut ; ils nous soutiendraient avec une énergie égale à celle qu'ils ont déployée à cette époque douloureuse.

Nous sommes, en effet, de ceux qui pensent avec le Maréchal de Belle-Isle que « toute parcimonie à la guerre est « un assassinat. » Partisan d'une politique de sage économie financière, nous estimons qu'il importe avant tout d'économiser les hommes. Nous sommes prêts à tous les sacrifices pour sauver la vie de nos blessés et de nos malades. A ceux qui seraient tentés de nous reprocher nos caisses vides, nous répondrions victorieusement en montrant avec orgueil les hommes que nous aurions conservés à leurs familles, à leurs amis, à la France.

Voilà, Mesdames et Messieurs, l'œuvre à laquelle nous vous convions. Nulle n'est plus belle, nulle n'est plus patriotique. Elle semble appelée à recueillir des adhésions unanimes.

Et cependant nous rencontrons des hésitations ; nous nous heurtons à des objections. Pour vaincre les premières, il faut résoudre les secondes. C'est ce que je vais essayer de faire.

Dans ce pays si jaloux des droits de l'Etat, si habitué à compter sur son initiative et sur son action, on nous reproche d'empiéter sur les attributions naturelles de l'administration. Le gouvernement enrôle l'homme dans l'armée ; il lui doit les armes, le vêtement, la nourriture, les soins en cas de maladie ou de blessure. Tel est le devoir de l'Etat. A lui seul il appartient de le remplir ; l'initiative privée n'a pas à intervenir pour exécuter des obligations dont l'administration est seule tenue.

Cette objection repose sur une erreur ; elle ne tient pas compte des nécessités qu'entraîne l'organisation actuelle des armées.

Le spectacle que nous donne la fin du dix-neuvième siècle est véritablement étrange. Il y a quelque vingt ans on entendait parler de tous côtés de la fraternité des peuples, du désarmement général, de la paix universelle. La ligue internationale de la paix était créée ; elle tenait chaque année des assises solennelles dans lesquelles les plus brillants orateurs se faisaient entendre. Le libre-échange enfin devait rapprocher les nations. Il semblait que le rêve de l'abbé de Saint-Pierre fût sur le point de se réaliser.

La réalité donne le plus sanglant démenti à ces espérances. Nous sommes fiers de notre civilisation ; nous vantons chaque jour ses bienfaits. Et l'Europe n'a jamais été plus formidablement armée et plus profondément divisée.

L'organisation des armées semble empruntée à ces époques barbares où tous étaient également soldats, où les guerres étaient non pas des luttes entre les armées de deux pays, mais des luttes entre deux peuples, entre deux nations. Les guerres semblent devoir devenir des guerres d'extermination. Notre civilisation extrême serait-elle destinée, comme celles de Babylone et de Ninive, à nous ramener un de ces cataclysmes effrayants, dans lesquels les nations disparaissent avec les produits de leurs arts et de leur industrie, ne laissant après elles qu'une poussière dont nous scrutons les profondeurs pour reconstituer l'histoire du monde et de l'humanité ?

Dans ces conditions nouvelles, les devoirs de chacun

grandissent avec les nécessités de la défense. Tous les hommes valides sont à la frontière pour défendre le sol de la patrie. A tous, qu'ils soient les victimes des fatigues militaires, qu'ils soient les victimes des balles ennemies, l'État doit également des soins. Le corps de santé militaire, par son infatigable dévouement, par sa puissante organisation, sera en mesure de s'acquitter de cette mission ; il saura donner les premiers secours à ceux qui en auront besoin. Mais obligés par leur organisation même à suivre l'armée dans tous ses mouvements pour veiller sur la santé de ceux qui la composent, les chirurgiens qui le constituent, les infirmiers qui en font partie ne peuvent pas s'immobiliser au chevet des malades et des blessés. S'ils sont contraints de le faire pendant les premiers jours qui suivent un combat, il faut que dans le plus bref délai ils recouvrent la mobilité qui leur est essentielle et reprennent leur rang dans l'armée en marche.

Les malades et les blessés ne peuvent cependant pas être abandonnés ; il est nécessaire de remplacer le corps du service de santé militaire non pas dans les ambulances aussi mobiles de l'armée, non pas dans les hôpitaux de campagne soumis à la même règle, mais dans les hôpitaux immobilisés à la suite d'un engagement.

Il faut soustraire les blessés et les malades aux diverses péripéties de la lutte ; il le faut dans leur intérêt ; il le faut dans l'intérêt de l'armée dont ces hôpitaux pourraient entraver la marche ou gêner les opérations ; il faut enfin prévenir les dangers de l'agglomération et la pourriture d'hôpital qu'elle engendre. Il serait donc utile de les évacuer dans l'intérieur où le repos et la sécurité hâteraient leur guérison.

C'est alors, Messieurs, que nous intervenons, soit pour

relever les hôpitaux de campagne, soit pour faciliter le service des évacuations. Nous complétons ainsi l'œuvre de l'administration sanitaire. Ce qu'elle ne peut faire parce qu'elle se doit avant tout aux combattants et à l'armée en marche, nous venons l'accomplir. Peut-on dire que nous empiétons sur ses fonctions, que nous nous substituons à elle dans l'accomplissement de son devoir ? Non, nous faisons seulement ce que sa nature, son organisation ne lui permettent pas de faire.

Cette mission qui nous est confiée est une conséquence des caractères de la guerre moderne. Elle est, je vous l'ai déjà dit, une lutte entre deux nations ; tous les citoyens, tous les enfants de la même patrie doivent y prendre part ; les uns combattent ; les autres relèvent et soignent les blessés ; les derniers reçoivent les malades et les blessés et leur assurent tous les secours nécessaires. Ils rendent ainsi à l'armée tous les éléments qui la constituent ; ils lui restituent dans le plus bref délai cette mobilité qui lui est indispensable. C'est en quelque sorte une application de la théorie de la division du travail. Chacun accomplit son œuvre et tous coopèrent au même but : le salut de la patrie et de ses enfants.

Par conséquent, c'est un devoir de patriotisme, c'est un devoir de fraternité, c'est un devoir de charité chrétienne pour tous ceux qui ne prennent pas une part active à la lutte de s'y associer dans la mesure de leurs forces. Ils prouveront ainsi que, lorsque l'honneur et l'existence du pays sont en jeu, tous les dissentiments disparaissent et que tous sont prêts à coopérer à la défense, de cœur et d'esprit, de corps et d'âme.

Voilà pourquoi, Mesdames et Messieurs, c'est un devoir pour les bons citoyens, pour les patriotes, c'est-à-dire pour tous, de s'enrôler sous la bannière de la Croix-Rouge.

Ce devoir, il faut l'accomplir de suite.

A nos demandes on répond souvent : Au jour du danger nous serons avec vous ; vous pouvez compter sur notre concours le plus actif.

Certes, nous sommes très sensibles à ces promesses ; nous sommes certains que, le cas échéant, elles seraient exactement tenues, peut-être même au-delà de nos espérances.

Mais la raison nous ordonne d'insister. L'expérience a démontré en 1859, en 1866, et plus encore en 1870-1871, l'insuffisance des secours improvisés. De même que l'armée et le service de santé militaire se préparent pendant la paix au rôle qu'ils auront à remplir pendant la guerre, de même nous devons, pendant la paix, réunir soit par des engagements éventuels, soit par des achats immédiats, le personnel et le matériel qui nous seront nécessaires pendant la guerre pour accomplir notre mission.

Permettez-moi de prendre ici pour exemple le Comité départemental de la Gironde dont j'ai l'honneur d'être le secrétaire général. M. le directeur du service de santé du 18ᵉ corps d'armée nous a demandé, il y a quelques mois, de nous mettre en mesure d'ouvrir, dans les trois jours de la mobilisation générale de l'armée, 18 hôpitaux disposés pour recevoir plus de 1,000 malades. Croyez-vous qu'il serait possible, dans un délai aussi court, d'aménager les locaux, de réunir le matériel, de grouper le personnel nécessaires pour ce service ? Evidemment non. Nous nous sommes donc immédiatement mis à l'œuvre, nous avons réalisé des achats, passé des contrats éventuels, choisi le personnel, établi, en un mot, de véritables registres de mobilisation, et, au jour voulu, nous serons prêts.

C'est pourquoi, Mesdames et Messieurs, après vous avoir dit : Il faut vous associer à notre œuvre, j'ajoute : Il faut le faire de suite ; il faut prendre votre place dans cette phalange d'hommes dévoués qui, le cas échéant, donneront leurs soins aux malades et aux blessés de nos armées.

Cette place, il faut la choisir dans les rangs de la Société française de secours aux blessés militaires, aujourd'hui présidée par le maréchal de Mac-Mahon.

Projetée dès 1863, créée en 1864, définitivement constituée en 1865, fille à la fois, comme je vous l'ai déjà dit, de la Conférence et du Congrès de Genève, elle a montré dans les jours terribles de 1870-1871 ce dont elle était capable. Seule en France elle représente le Comité international de la Croix Rouge, qui lui a attribué, le 25 mai 1864, le titre de Comité national français de la Croix Rouge (1). Seule, elle a formellement adhéré, par une disposition expresse de ses statuts (art. 3) « aux principes « généraux énoncés dans la conférence internationale de « 1863, et dans la convention signée à Genève le 22 août « 1864, » dont je vous ai présenté un exposé sommaire. Nulle autre société ne peut invoquer de semblables titres ; nulle autre société ne possède en personnel et en matériel des ressources égales à celles que nous avons réunies ; nulle autre société n'est associée d'une manière aussi intime et aussi complète au service de santé des armées ; nulle autre société n'a concentré ses efforts sur ce but unique : le secours aux blessés et aux malades des armées. Notre société est, en effet, la seule dont les ressources soient

---

(1) Gustave Moynier, *La Croix Rouge. Son passé et son avenir.* p. 278.

exclusivement consacrées au soulagement des infortunes militaires pendant et après la guerre. Seule, elle répond ainsi au programme que M. Gustave Moynier, président du Comité international de la Croix Rouge, trace avec l'autorité que lui donnent son dévouement éprouvé et sa longue expérience : « La Croix Rouge est le signe du « service sanitaire, et ne doit pas être prise comme em- « blême tutélaire par des associations qui n'ont pas pour « but exclusif de seconder cette branche de l'administra- « tion (1). » En limitant ainsi la sphère de son action, notre Société prévient les récriminations qu'a suscitées le trop facile emploi de notre drapeau, ainsi que les dangers auxquels il pourrait nous exposer et que M. Gustave Moynier signale dans les termes suivants en parlant de ceux qui viennent également au secours des blessés mili- taires et des victimes des désastres publics : « Abriter, sous « un drapeau qui a une signification légale déterminée par « la convention de Genève, des entreprises différentes de « celles pour lesquelles il a été réservé, c'est incontestable- « ment en abuser. N'est-il pas à craindre que, si l'on prend « cette habitude à la faveur d'une tolérance excusable en « temps de paix, on y renonce difficilement en temps de « guerre, alors que cette licence acquiert une réelle gra- « vité (2) ? »

Enfin, par son initiative, par les souscriptions qu'elle ouvre, notre Société rappelle à l'étranger le nom de la France ; elle contribue à nous conserver cette clientèle et ces sympathies qui ont fait notre force dans le passé et qui la feront également dans l'avenir. Emule de tous les dé-

---

(1) Gustave Moynier, *op. cit*, p. 123.
(2) Gustave Moynier, *op. cit.*, p. 91.

vouements, elle se souvient pendant la paix de ceux qui, dans les jours d'épreuve, nous ont rendu des services. En 1878, elle distribuait aux blessés des armées Russe et Ottomane 400,000 francs de dons par elle recueillis.

Notre Société a donc tous les titres à votre concours et à celui de vos amis. Je suis convaincu que par une active propagande vous saurez multiplier le chiffre de nos adhérents, le nombre des souscriptions éventuelles de matériel, le nombre des engagements éventuels contractés par des personnes prêtes, suivant leur âge et leurs forces, à se dévouer, le cas échéant, pour nos soldats malades ou blessés.

Il est cependant, Mesdames et Messieurs, une dernière objection que je tiens à résoudre pour ne rien laisser dans l'ombre.

On a dit : Nous ne pouvons pas entrer dans votre Société ; car elle est politique et réactionnaire.

S'il existe de nobles caractères qui savent se mettre au-dessus de ces considérations superficielles et ne juger une institution que sur ses fruits, il n'en est malheureusement pas de même de certains esprits timorés, esclaves de la magique puissance des mots. Pour ceux-ci il est nécessaire de répondre. Je le ferai rapidement et j'espère que cela suffira ; car aucun reproche n'est plus injuste.

L'œuvre à laquelle notre Société consacre ses efforts est une œuvre patriotique et humanitaire entre toutes ; il n'en est pas qui soit plus étrangère à la politique, parce que nulle n'en est séparée par un abîme plus profond. La politique, en effet, divise ; elle crée des partis et les arme les uns contre les autres pour la défense de leurs principes respectifs, des droits des citoyens et des intérêts du pays.

Notre Société, au contraire, rapproche et unit ; elle groupe sous sa bannière non seulement les enfants d'une même patrie, mais encore les étrangers, puisque les délégations des Sociétés de secours étrangères sont, dans leur mission d'assistance, placées sous notre direction par l'article 18 du décret du 3 juillet 1884. Elle ne connaît d'autre lutte que celle de la plus généreuse émulation qui cherche et trouve son triomphe dans le sacrifice et l'oubli de soi-même. Elle est née des enseignements du passé ; elle s'est développée sous le souffle de la charité chrétienne ; à son origine, elle fut, comme la Croix Rouge, « une bonne pensée (1) » ; elle est devenue une des manifestations les plus éclatantes de cet esprit de fraternité, qui sera, par sa diffusion, l'un des agents les plus actifs de la pacification sociale.

Pour résumer ma pensée, je dirai, à l'exemple d'un magistrat éminent, commandant en 1870 des éclaireurs parisiens, lieutenant-colonel d'un régiment de l'armée territoriale, récemment encore président de la *Ligue des Patriotes*, M. Féry d'Esclands (2) : Français est le nom de famille ; Républicains, Royalistes, Bonapartistes ne sont que des prénoms chez nous comme dans l'armée, dont nous nous honorons d'être les auxiliaires. Notre Société a un nom de

---

(1) Jules Duval.

(2) Répondant aux acclamations par lesquelles les présidents des comités de Paris ratifiaient le 23 décembre 1887 l'élection faite à l'unanimité par le Comité directeur, M. Féry d'Esclands, président de la *Ligue des Patriotes*, prononçait le même jour un discours dans lequel nous lisons :

« Ces 200,000 adhérents sont venus à la Ligue des divers points du
» territoire, sur la foi de cette autre magnifique déclaration, que je ne
» me féliciterai jamais assez d'avoir fait adopter autrefois : *Républi-*
» *cains, bonapartistes, légitimistes, orléanistes, ce ne sont là chez*
» *nous que des prénoms : c'est patriote qui est le nom de famille.* Ici
» ils fraternisent sur le champ des idées et des espoirs qui leur sont
» communs, comme, il y a dix-sept ans, ils ont fraternisé eux-mêmes,
» ou leurs aînés ou leurs frères, en s'exposant sur les champs de bataille
» à des dangers communs, à la mort des braves. » (*Figaro* du 25 décembre 1887.)

famille : Société française ; elle n'a pas de prénom et n'en connaît aucun ; ses portes sont largement ouvertes à tous, quelles que soient les opinions de chacun. A ceux qu'elle emploie, elle demande leur nom de famille ; car, pour prévenir tout danger, elle ne peut employer que des Français (Décret du 3 juillet 1884, art. 4). A ceux qu'elle soigne, elle ne demande même pas leur nom de famille. Elle reçoit sans distinction tous ceux qui se présentent, du moment où ils sont blessés ou malades. A tous elle prodigue également ses secours au nom de la France et de l'humanité, sous la protection de ces deux étendards, qui couvrent ses hôpitaux et lui servent de signe de ralliement : la Croix Rouge et le Drapeau Français.

Bordeaux. — Imp. R. Coussau & F. Coustalat, rue Gouvion, 20.

64